www.thomassonnberger.wordpress.com

Literaturliste:

Jürgen Habermas, Theorie des kommunikativen Handelns
E. Kandel, Biologie des Geistes, Suhrkamp
D. Kahnemann, Spiegel.de, Wikipedia
B. Mandelbrot, Wikipedia

Thomas Sonnberger, Selbstorganisierendes Crowdfunding, BoD

Thomas Sonnberger, Das Geheimnis des Zeitfinders, Das Spiel des Lebens, BoD

Thomas Sonnberger, Super(t)raum Wohnraum, Die Magische Wohnung, BoD

Thomas Sonnberger, Das geheime Leben der Flüsse, BoD

Thomas Sonnberger, Rock `n´ Garden, Der Magische Garten, BoD

Thomas Sonnberger, Ohne Hypnose zu magischen Kräften, BoD

Thomas Sonnberger, Selbstorganisierend Schlanksein, BoD

Thomas Sonnberger, Selbstorganisierend lernen, BoD

Thomas Sonnberger, Selbstorganisierend verkaufen, BoD

Das selbst organisierende Büro

Der Magische Job

Glückslieferung

Vorne ist immer Platz

Wenn Sie Fragen haben - wir sind für Sie da:
T.Sonnberger@hotmail.com

Wela e.V.
Geistiges Eigentum © 2010 by Thomas Sonnberger
All rights reserved. No part of this book may be reproduced in any form or by any electronic or mechanical means including information storage or schools and retrieval systems, without permission in writing from the author. The only exception is by a reviewer, who may quote short excerpts in a review. Any resemblance to actual persons, events, or locales is entirely coincidental. Es gelten die AGB von Thomas Sonnberger.

ISBN: 9783739230603
Herstellung und Verlag: BoD – Books on Demand, Norderstedt

Besser Leben
besser Rhythmus

Ein Reiz wird zuerst unbewusst verarbeitet, dann wird er bewusst. Der Reiz baut seine Energie zuerst im Gehirn ab, dann in einem Körperorgan.

Will heißen, eine Krankheit können wir uns nicht aussuchen, sondern wird vom Unterbewusstsein ausgesucht.
Wenn wir Herz-, Bauch- oder Zahnweh haben, dann nennt man das Psychosomatik, weil wir nicht mehr erkennen, was die Ursache ist.

Das Ergebnis ist schwache Freude, selten Bewegung und wenig Ausgeglichenheit.

Jetzt wird der Job mies, öd und flach.

Es kann sein, dass wir eine Krankheit heilen und eine andere entsteht, weil wir die Belastung, die psychosomatische Reizung, den Hintergrund nicht gefunden haben.

Jetzt merken die Menschen, dass sie ihrem Körper nicht vertrauen können und beginnen sich weniger zu bewegen, mehr zu essen oder sonst was .....

Der psychosomatische Reiz ist also ein Chef, der unbewusst, auch aggressiv entscheidet.
Das Leben wird mies und vermutlich zum Härtefall.

Die Unlust, das Problem ist bekannt.
Wir neigen zur Unzufriedenheit, obwohl wir auf den Energieraum jederzeit zugreifen können.

Applaus, Applaus: Lass die Energie rein

Für *Einstein*, das große Genie der Physik, war es leichter das Universum erforschen, als die menschlichen Beziehungen zu verstehen.

Allgemein kann man daraus schließen, dass die *Mann Frau Beziehung*, die komplizierteste Beziehung ist.
Fachwissen kann man lernen, Urteilsfähigkeit ist eine Erfahrung.

Diesem wilden Verhältnis verdanken wir die Literatur, Sachbücher, Filme und Theaterstücke.

Die eigene Zeit kreieren

Gibt es Geschwindigkeit?

Die ersten Eisenbahnzüge schienen den Menschen zu schnell, obwohl sie nur 35 km/h fuhren.
Wer hat das alles hervorgebracht? Es sind wir.
Denn Geschwindigkeit, Farben und Zeit werden von unserem Gehirn interpretiert.

Apropos: Schreiben verlangsamt, festigt und heilt über den Geist.

Was ist Zeit?

Wenn sich die Erde einmal um die Sonne dreht ist es ein Jahr. Deshalb ist die Zeit eine Schwingung. Zeit können wir auch nicht sparen. Obwohl die Zeit physisch gemessen wird, sind wir die Zeit selbst. Dadurch können wir die eigene Zeit kreieren.

Übung:

▲ Stimulanz: *Schönheit und Spiel,* eine emotionale Notwendigkeit, ist eine Lebenskunst.

▲ Dominanz: *Wer die Schwingung hat,* kontrolliert die Kommunikation und erledigt die Aufgaben.

▲ Balance: *Gemeinschaft, Zusammenarbeit* erwirtschaften die Gewinne.

Kontakte und Energie verdoppeln

Akuter Stress ist kein Problem.

Langanhaltender Stress, und jetzt wird es ernst, löst Stresshormone aus, die den Körper vergiften. Die Folgen sind Schlaflosigkeit, Kopfschmerzen, Müdigkeit, Ohnmachtsgefühl und Verspannungen. Wobei Männer zu Herzproblemen und Bluthochdruck und Frauen zu Bauchproblemen neigen.
Stressbedingte Erkrankungen sind unnötig, da Stress mit Blockaden, Erwartung und Ausdruck zu tun hat, die in Kraft und Energie umgesetzt werden können.

Was bringt Genuss, Natur und Kommunikation?

Am Beispiel Genuss kann das Kräftespiel erklärt werden:

Genuss ist Luxus, Antidepressiva und eine knappe Ressource zugleich. Deshalb macht Verzicht einen logischen Sinn. Feedback in der Kommunikation vermeidet auf alle Fälle Chaos.

Hölderlin wusste bereits: „Viel hat erfahren der Mensch ... seit ein Gespräch wir sind ..."
Wirtschaftsforscher Stiglitz weiß: „Kommunikation schafft Märkte."

Die Natur zeigt uns Schönheit ebenfalls als knappe Ressource.

In der Natur lenkt uns nichts ab, denn in der Natur ist Sein, Seele und Geist spürbar.
Im Büro, in der Werkstätte sind es die bildhaften Vergleiche, die uns stark machen.

Der Hypnotiseur kann nicht hypnotisieren, sondern wir selber vollbringen die Leistung. Deshalb können die Menschen glücklich und fit sein.
Damit sind die letzten Zweifel über Glaube und Emotion ausgeräumt.
Also, ob wir negativ oder positiv denken ist egal.

Durch das Spiel entsteht Kreativität; durch Kreativität entsteht Sicherheit,

Deshalb sind die Räume die Essenz, die biologische Grundlage, des Menschen,

meint,

Ihr
Thomas Sonnberger

> *Woran wir denken*
> *und wofür wir danken,*
> *das wird uns gelingen.*
>
> J. Demartini

Chaos

haben wir uns nicht ausgesucht, sondern unser Unterbewusstsein.

Was streben die Menschen an, um es bequem zu haben?

- Automatisation
- System, Größe

Was können die Menschen nicht?

- Aus der Routine ausbrechen
- Aufgaben lösen oder nur mit Energie

Was ist unser Fehler?

- Zusammenarbeit, Teamwork lässt sich nicht automatisieren
- Selbstmitleid tröstet, erschwert aber die Sicht.

Was brauchen wir?

- Beziehung, eventuell Design
- Nutzen
- Service
- Schlankes start up, will heißen Innovation, Individualität

Was hindert uns?

- Wir glauben nicht an die Ordnung.
- Wir können nicht abstrakt, wesentlich denken, weil es Konflikte schafft, Entscheidungen fordert.

Wie geht der Weg?

- Glaube ist die Neutralisation und nicht Konditionierung der Situation
- Wir glauben zuerst daran
- Wir denken abstrakt, wesentlich

Über Ordnung

entscheiden wir selbst.

Es ist ein normaler Impuls auf Kritik und Zurückweisung irritiert und betroffen zu reagieren. Denn einem sozialen Wesen kann es nicht gleichgültig sein.
Wie stehe ich da, wenn ich mich unwohl fühle oder ins Fettnäpfchen getreten bin?

Der Wert eines Diamanten ist in Europa hoch, in der Wüste niedrig. Der Wert des Wassers ist in der Wüste hoch, der Wert des Diamanten niedrig. Was ein Diamant oder Wasser wert ist, bestimmen wir selbst.

Talente-, Immunität- und Schönheitsformel

- Der Körper m ist das kleine Glück und
- der Geist c^2 ist das große Glück, Freude. $E = mc^2$

Spazieren, Laufen, Schwimmen, Radfahren, Bootfahren sind jetzt die richtige Geschwindigkeit für den Geist, der bewegt werden will.

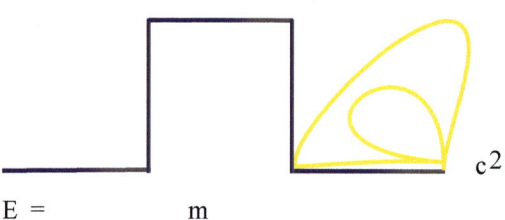

$E =$ m c^2

Mäanderstrategie/ Fluss des Lebens

Zum Beispiel: Wie beim Fußball spielen Sie (m) von links nach rechts, dann zirkulieren, c^2, riesengroße Freude.

Durch das Spiel entsteht. Kreativität; durch Kreativität entsteht Sicherheit:

Smart Office

Entdecke die neue Welt des Büros

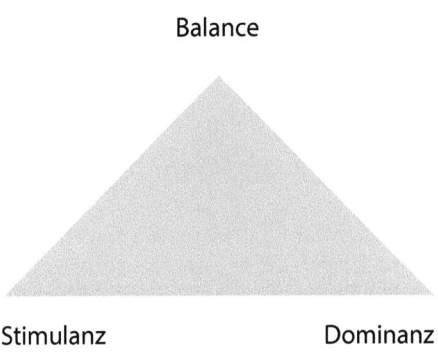

EMOTIONEN
SCHLAGEN DIE DATEN

Wer die Natur versteht: versteht

Dumme rennen, Weise gehen durch den Garten.
(Rabindranath Tagore)

Ich habe auf der Umschlagseite Sonne und Wolken als Bild gewählt. Wir freuen uns über jeden Sonnenschein, aber auch der Winterstimmung hat seinen Reiz. Die Chancen sind gleich. In der Natur werden wir von nichts abgelenkt, deshalb spüren wir in der Natur: Kraft und Freude.

Wie stark ist Ihre Reflexion in der Natur, um

- Denkmuster und Fähigkeiten zu durchschauen
- nachhaltige Ergebnisse zu erreichen?

Wenn eine Arbeitsstätte oder Wohnung nicht funktioniert, dann hängt das von der Wahrnehmung ab. Auch Logik bringt uns nicht weiter, da Logik auf einer Grundannahme aufbaut.

Selbstorganisation

ist die ganze Welt. Wenn ich an einem heißen Tag am Strand liege, dann bewirkt das kühle Naß die Selbstorganisation zum Schwimmen.

Wenn die Bäume die Poesie der Natur sind, dann bewirken sie meine Selbstorganisation zur Bewegung. Was machen Designer, Maler wie Picasso, El Greco? Sie schaffen eine Beziehung zwischen Mensch und Projekt.

Emotionen bestehen aus Körper und Geist, wirken supraneuronal, ohne Reibung, hebeln die Physik aus, bewirken Luxus

Emotionen sind die Hauptdarsteller unserer Untersuchungen, weil

- wir Glück und Sinn immer herstellen können, auch wenn wir es nicht erkennen
- Spiel und Kreativität: Sicherheit bewirken
- Zeit, Kommunikation und Liebe aus Körper und Geist bestehen
- das Wesentliche: Fachwissen, Kompetenz, Energie und Honorar/ Ehre bewirken
- greifbare Ziele, haptische Erlebnisse das kleine Glück sind
- geistige Ziele das große Glück sind

Taktik ist alles

Bremsen oder Siegen

Ein Adler fliegt in der Luft und entdeckt einen Hasen und einen Igel als Beute. Wenn er sich nicht entscheidet, verhungert er in der Luft und fällt irgendwann zu Boden ...

Stimulanz: Aufmerksamkeit halten
Dominanz: an sich glauben, machen, tun
Balance: Aha, so ist es, erden

Wir sind, wie wir unser Gehirn nutzen

Was unser Gehirn nicht mag, ist Komplexität.

Was bringt ein Netzwerk oder Zusammenarbeit?

Personen	Netzwerke
1	1
2	2
4	64
6	32768

Kiss-Formel für Netzwerker

- *K*ontakte
- *i*ntegrieren
- *s*tarten
- *s*chulen

Medicate or Medidate: „Haiku"

Durch die ausgleichende Wirkung der *Haiku-Gedichte*, kann sich der Körper erholen, der Geist besser arbeiten.

Nachhaltigkeit ist nicht nur ein Grundprinzip, sondern Innovation - im Büro und in der Werkstätte.

Wieviele Erinnerungen bringen sie zurück - Kirschblüten.

Berge in der Ferne spiegeln sich in den Augen der Libelle.

Stille und Einsamkeit - dringen bis tief in den Stein, die Zikaden zirpen.

Der Besen folgt dem Garten und vergisst. Basho

Nur ein Mann und eine Fliege in diesem riesigen Zimmer. Isso

Der Schlag meiner Axt. Plötzliche Offenbarung: dieser Baum lebt!

Überlebt und verheiratet. Endlich können sie die Kleider wechseln. Buson

Buddha schließt seine Augen nicht einmal im Hagelschauer. Shiki

Die Stille ist .... Aber natürlich wunderschön. ST

Wie verführt man eine Diva?

Wer Ziele hat, soll

- Chaos vermeiden und
- Kundentreue belohnen.

▲ Stimulanz: Belohnung für Freiheit, Spiel, Reiz, Humor, Schönheit, Stil etc.

▲ Dominanz: Belohnung des Jägers, des Kreativen, des Kontakters oder Inverstors für das Tun, die Kommunikation, Kreativität und die Taktik.

▲ Balance: Belohnung für Zusammenarbeit, Gemeinschaft und Ernte

Service Design

Was macht der Kunde 10 Meter vor dem Verkaufsabschluss?

- Stimulanz: Sie interessieren mich. Ich habe gesehen, dass ... ich glaube, dass ....
- Dominanz: an sich glauben, orientieren, tun
- Balance: ... ich möchte noch hinzufügen ...ausgleichen, danken

Wer die Emotionen kennt,

- bleibt anziehend, frisch, aktiviert Entscheidungen und bestimmt die Lebensqualität
- verändert die Substanz,
- nützt die Plastizität der Nerven,
- spart mentale Energie (Glukose),
- genießt, bleibt locker, frei und energetisch

Ohne dem Bewusstsein von

▲ Stimulanz (Spiel, Freude),
▲ Dominanz (Kreativität, Glaubwürdigkeit, Überzeugung, Rhythmus, Organisation, Priorität) und
▲ Balance (Gleichgewicht, Ausgleich, Durchlässigkeit, Dankbarkeit, Sicherheit, Liebe, Genuss)

kommt keine Verhandlung, kein Lernen und kein Verkauf in die Gänge; denn Grübeln findet zu keiner Entscheidung.

Psychologie des Lernens

Wie lernen wir?

Wenn ich ▲ spiele entsteht automatisch ▲ Kreativität. Durch die Kreativität entsteht automatisch ▲ Sicherheit.

Lebens(t)raum - Büroraum

▲ Den ersten Schritt nennen wir Stimulanz
Der Eingang zu einer Firma ist durch die Schwelle gekennzeichnet.

Der Sozialraum ist der Horst des Lichts, der Gastfreundschaft, der Freude, des Spiels und der Musik, damit Zusammenarbeit entsteht.

▲ Die zweite Phase nennen wir Dominanz,
der wir Büro (Arbeitszimmer), Küche und Badezimmer zuordnen.

▲ Die dritte Phase nennen wir Balance oder Ausgleich. Der Erholungsraum ist der Ort, um die Ruhe zu fördern, die Kommunikation zu stärken, damit Kreativität entsteht.

Herznoten, Kaisernoten

Wenn die Energie abnimmt, kann das Inhalieren von Düften, zum Beispiel von Lavendel und Sandelholz, die Zellteilung fördern, die Blutchemie und die Genetik eines Menschen derart verändern, sodass er sich als phänomenal vital fühlt. (Daniela Busse, Hanns Hatt, Uni Bochum)

Der Duft von Seide auf der Haut - wie kann man sich das vorstellen? Ebenso wie reine Seide, welche die Haut in mehreren Lagen umschmiegt, umhüllen uns Düfte, weich fließend. Dafür sorgen Bergamotte, rosa Pfeffer und ein Akkord oder ein Hauch Veilchen und Birne, Pfingstrose, Orchidee und Amber runden die Komposition ab.

Die vibrierende Stimmung dominierender Düfte, wie die prachtvoll tierische Hymne an Moschus, machen aus einem Winter einen Sonnentag.

Rhythmus wirkt

Rhythmen, Reime und Refrains vernetzen die Gehirnzellen. (Planck-Institut)

Rhythmen, Schwingung (Vibration) Refrains erlauben uns glücklich zu sein, die Welt zu erkennen und uns auf das Wesentliche zu konzentrieren.

Rhythmus ist die Bergluft der Bergluft, der Gebirgsbach des Gebirgsbaches, die Bewegung der Bewegung, der Refrain des Refrains.
Ob Bilder von Macke, Picasso, Klee, Jawlensky oder Kompositionen von Bach, Orff und Bruckner: Rhythmus ist spürbar.

20 Glückslieferung

Kapitel 1

Stimulanz

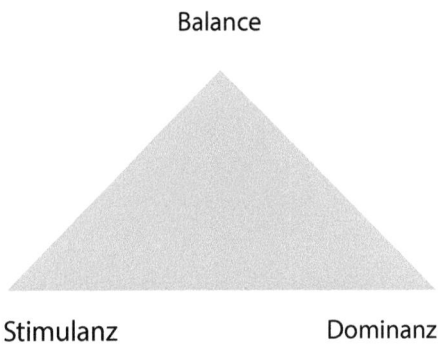

EINGANG, SOZIALRAUM (WOHNZIMMER)

Stimulanz: Gesetz des Anfangs

Bei den Kirchen aller Religionen sehen wir, wie wichtig das Eingangstor ist, denn es ist der Übergang zu einem neuen Raum. Deshalb gibt es auch keine Show ohne Showtreppe. Der Moderator kündigt den Künstler an, die Showtreppe präsentiert ihn.
Das Gesetz des Anfangs ist folglich das Gesetz der Anziehung.

Erleuchtung oder Lichtmatsch

Vom Licht hängt ab, wann wir müde werden, einschlafen, frisch und munter sind, aber auch die Körpertemperatur und viele Rhythmen hängen vom Licht ab. Aus theologischer Sicht tragen wir alle das göttliche Licht in uns. Die Top-Trainer trainieren die Fußballspieler, solange sie das Feuer (Licht) der Begeisterung weitergeben können.

▲ Stimulanz: Bei Tageslicht leisten die Menschen mehr, sinken die Fehlerquoten und Fehltage.

Tageslicht integriert die Sinne, wie sehen, hören, tasten, riechen und schmecken, im Körper.

▲ Dominanz: Am Abend brauchen wir rotes Licht wie beim Lagerfeuer und in der Früh blaues Licht wie es normalerweise vorkommt.
Das stärkt.

▲ Balance: Licht ist ein Lebensmittel, Motivationsmittel und ein Rhythmusmittel.

Eingang

Wie sieht der Weg zu meinem Entfaltungsprozess aus?
Der Eingang inspiriert zu Kreativität und Entwicklung.
Was könnte die Schattenseite sein, wenn der Eingang kalt und abweisend wirkt?
Ein Hauptgrund der Scheu liegt darin, dass drei negative Teilaspekte der Emotionen überbewertet werden.
- Erstens: Man verabscheut Bewusstsein, Grenzen und Liebe.
- Zweitens: Wer gewinnt hat es mental verdient, wer verliert auch
- Drittens: Wenn es dem Anderen schlecht geht, soll es dann mir gut gehen?

Was hilft? Wie kann ich meinen Erfahrungsschatz (und Kompetenz) nützen? Welche Wegweiser begleiten mich?

Auf dem Weg der Gegensätze finden wir unsere Orientierung. Jeder Plan, wissen leidgeprüfte Generäle, stirbt mit der ersten Feindberührung. Deshalb stehen Spiel und Kreativität im Fokus unserer Betrachtungen.

Kunst tröstet und ist der Motor für alles. Zum Beispiel die Bilder von Mondrian und Macke machen es uns vor: die Leuchtkraft zaubert ein Lächeln auf unseren Körper, das Wesentliche verhilft uns zum Tun.

Taktik ist alles

Sozialraum

Wie sieht die Energie der Freude aus? Warum haben Sportler Humor? Wie will ich sein?

Soziale Gegebenheiten, heißt Gastfreundschaft, spiegeln sich im Sozialraum (Wohnzimmer) wieder. In der Wirtshausstube, für manche das Wohnzimmer, treffen sich die Menschen zur Unterhaltung, zum Gedankenaustausch, zu Symposien. Bei Neuplanungen steht der Sozialraum als Wohnoase oder Bürooase oft an erster Stelle.

Warum? In den meisten Sozialräumen ist kein Humor spürbar. Humor stellt den Geist frei, bewirkt Gewinner, heilt Konflikte, Erkrankungen und Unlust.

Begeisterung (Feuerwerk) ist der Antagonist des Wassers, des Meisters des Potentials, der Langsamkeit und der aufmerksamen Ruhe.

Wie werde ich empfangen?
In der Antike stand der Gast unter dem Schutz des Gottvaters Zeus. Die Form des Tisches bestimmt die Ordnung. Wer hat den Kontrollblick, Überblick, die Aufmerksamkeit und sitzt geschützt zur Wand? Die Hinterbänkler, wie der Name schon sagt, sitzen hinten.

Kapitel 2

Dominanz

KÜCHE, BAD
BÜRO (ARBEITSZIMMER)

Dominanz: Go for hunting, Kontakter, Kreative, Investoren

Die Japaner haben es immer schon gewusst. Wer regelmäßig im Wald spazieren geht, senkt seine Pulsfrequenz. Das hat zur Folge, dass das Herz besser mit Sauerstoff versorgt wird. Holz verjüngt und schärft unsere Sinne.
Sie haben keinen Wald?
Macht nichts. Die Holzforscher haben wissenschaftlich untermauert, dass Holz im Haus den gleichen Effekt hat. In der TCM steht Holz für Richtung und Überblick. Holz strahlt und gibt Wärme. Der Baum ist ein Sinnbild für Festigkeit und Wachstum.
Das Wort Autorität kommt vom Autor, das ist jemand, der selbständig ein Buch geschrieben hat.
Projektarbeit der Schüler oder der Partner macht sie genauso stolz als wenn es ein Experte gemacht hätte.

Goldener Schnitt: Anreizenergie

Der ganze Körper des Menschen besteht aus dem Goldenen Schnitt. Der Goldene Schnitt ist ein Gesundheits- und Schönheitsideal. Das Ungleichgewicht im Goldenen Schnitt bewirkt eine Anreizenergie, die wir in ein Gleichgewicht bringen wollen.

Die schönsten und berühmtesten Bilder der Welt, wie Mona Lisa, Bauwerke, die Blüten, Schmetterlinge, Seesterne, der Bauchnabel, Atmung, Tonleiter und Rhythmen spiegeln den Goldenen Schnitt.

Rock `n´ time

Schon im Altertum erkannten die Baumeister Zusammenhänge und Proportionen zwischen Mensch, Musik und den Kirchen. Heißt, die Proportionen des Menschen spiegeln sich in der Musik und in der Architektur der Kirchen wider.

Musik wirkt doppelt erklärend, indem es den Glauben an uns stärkt und die Stimmung vorhersagt.

Musiker, Dichter und Mönche haben den Rhythmus für ihre Botschaft erkannt.

Denn der Rhythmus, der Reim und der Refrain vernetzen das Gehirn (Planck-Institut).

Die Qualität der Schwingung bestimmt unsere Energie, Erdung, Liebe, Herzlichkeit und Durchlässigkeit.

Musik.Macht.Jung?

Musik ist ein Grund, warum die Dirigenten die höchste Lebenserwartung haben und wunderbare, großartige Energie verströmen.

- ▲ Stimulanz: Spiel
- ▲ Dominanz: Rhythmus
- ▲ Balance: Harmonie, Melodie

Grundtöne und auf diese errichtete Akkorde sind verwandt und erweitern und erhöhen die Grundtöne!

Ein bisschen Rhythmus befreit uns, eine Situation weder als gut noch als böse zu sehen.

Eine Tonleiter besteht aus dem Verhältnis von Quinte und Quarte. Aus diesem Ungleichgewicht entsteht eine Anreizenergie, die wir in ein Gleichgewicht bringen wollen. Musik regt die Menschen zum Tanzen an.

In diesem Sinn belegen Studien über Partnerschaften und Geschäftsbeziehungen belegen, dass Aufmerksamkeit und Rhythmus eines Menschen wichtiger sind, als äußerliche, „attraktive" Merkmale.

Wenn der Zufriedenheitsspeicher leer bleibt, entstehen mindere Leistung, Noten und Süchte!
Das weltbeste Training sind selbst organisierende Übungen(!) Dadurch wird der Zufriedenheitspeicher gefüllt, das Gabahormon ausgeschüttet und wir fühlen uns den Herausforderungen gewachsen. Auch der Grüne Tee unterstützt die Ausschüttung des Gabahormons.

Bewusstsein, Spirit, Charakter

Das Herz ist ein Wunderarbeiter.

Bei den alten Ägyptern wog das Herz des Gerechten nicht mehr als eine Feder. Spiel, Humor und Freude stärken das Herz.

Shibumi ist ein Schönheits- und Gesundheitsideal, um Bewusstsein, Spirit (Charakter) aufzuladen und auszugleichen.
Für die Asiaten ist das Selbst, heißt, der Geist, die Wahrheit, der durch bewusste Handlungen: „Shibumi" genannt, die Sinne integriert. Unser Leben, was wir tun: hängt von „Mu shin" ab, das so viel heißt wie: ohne Energie, nur die Theorie. Durch die bewusste Handlung bei der Teezeremonie wird die Stimmung und mehr trainiert, sogar dreimal am Tag. Shibumi ist die weltbeste Einstimmung für Glück, Schwung und Selbstorganisation.
Was ist der Hintergrund?
Kein Hypnotiseur kann hypnotisieren, da wir selbst die Leistung vollbringen. Deshalb können die Menschen glücklich und fit sein.
In den Religionen bedeutet Nächstenliebe: Barmherzigkeit und infolgedessen Zusammenarbeit.
Sie können zum Beispiel ein Mantra oder ein anderes Wort vorher sagen, das Ergebnis ist gleich.
Durch Ruhe oder Stille und Reizminderung reduziert sich der Schmerz.
Solche Übungen können die Menschen, egal wo sie sind, inspirieren.

Badezimmer

Für die Römer hatte das Bad nicht nur eine reinigende, sondern eine heilende Wirkung. Im Sinne der Römer ordnen wir das Bad der Dominanz zu.
Das Wasser ist flexibel, anpassungsfähig und ändert ständig seine Form.
Wasser als Element ist die Basis der Kunst, des Spiels und der Sprache.
Bin ich beweglich?

Bin ich seelisch befreit?
Fühle ich mich wie getauft oder neugeboren? Kann ich, wenn ich will, auch spielen wie ein Kind?

Im Christentum befreit die Taufe, und in vielen anderen Religionen gibt es rituelle Bäder. Deshalb ist das Badezimmer der Ort der Reinigung und des Loslassens. Wasser ist mehr; in der traditionellen asiatischen Medizin symbolisiert es: Langsamkeit, Selbstvertrauen, Festigkeit, Potenzial, denn es umfließt jedes Hindernis und ist stärker als Stein.

Fühle ich mich gefestigt?
Wasser beruhigt das Herz, festigt Körper und Persönlichkeit. Dadurch verschwinden alle Unpässlichkeiten.
Wasser ist der Antagonist des Feuers, des Meisters der Verschmelzung.
Jeder Wasserstropfen enthält die Weisheit des Ozeans.

Küche

Genuss ist unbewusster Luxus und Antidrepessiva zugleich. Überfluss ist kein Genuss.

Mittelpunkt jeder Küche ist das Feuer. Das Herdfeuer ist der größte Schatz der Versorgung. Das Feuer war heilig und wurde den Göttinnen gewidmet.

Was macht die Feuerstelle attraktiv?

Wild thing:
Es gibt keine Liebe, die aufrichtiger ist, als die zum Kochen. Genuss gibt es nicht in großen Mengen, sondern in kleinen Dosen und in Einfachheit. Genuss ist, wenn man so will, der Gott der kleinen Dinge, will heißen, eine ganz knappe Ressource.

No challenge, no change: Ohne Herausforderung geschieht keine Entwicklung; reine Harmonie bewirkt nichts außer Langeweile. Erst die Kreativität ermöglicht aus allen Zwängen auszusteigen, arbeitet mit neuen Mitteln und stellt neue Regeln auf und bewirkt die Sicherheit nach Entwicklung.
Leicht erfassbares macht glücklich, deshalb macht das Lernen Spaß, wenn es selbst gestaltet werden kann.

Im welchen Teil meiner Wohnung bin ich kreativ?

Der Löffel biegt die Gabel
- Maronisuppe oder Topinambursuppe mit Feigen
- Maissuppe mit Haselnuss und Kresse
- Linsensuppe mit Marille oder Maroni

Du fragst nach den Rosen
Lauf vor den Dornen nicht davon
Du fragst nach dem Geliebten
Lauf vor dir selbst nicht davon

Rumi

Den Körper frei und frisch machen

- Nahrung besteht aus Materie und Geist (Genuss). Deshalb brauchen wir nur 50-70 % der Nahrung aufnehmen. 50-30 Prozent (passiv) genießen und atmen.
- Das Hormon der Verliebten ermöglicht uns Freude und nahezu Null-Essbedürfnis.
- Tee, Soda, Cafe und Gemüse in Griffweite
- Obstspieße (Ananas, Traube, Apfel)
- Was machen die Bienen? Sie sind Bestäuber für die Blüten und verzerren schädliche Raupen.
- Hungere selten. Deshalb Kakaobohnen um 10 h und um 21 h in Reichweite nützen

▲ Stimulanz: Greifbare Schritte machen Ziele mit Freude zur Wirklichkeit.

▲ Dominanz: Überzeugung
Der Hypnotiseur kann nicht hypnotisieren, sondern wir selber vollbringen die Leistung. Spirituelle Neurologie ist die höchste Form des Denkens, wenn es ein neues Bewusstsein schafft.
Ein Querschnittsgelähmter und ein Lottogewinner können gleich glücklich sein und die Seele durch den Glauben erweitern.

▲ Balance:
Die Verallgemeinerung dient zur raschen Erledigung einer Situation, andererseits kann sie die Realität auf den Kopf stellen.
Unser Ich ist eine Mischung aus Gesellschaft und Individuum.

Selbstorganisation & Arbeitsglück

- *Glück und Schönheit bestehen aus* Körper (Materie) und Geist = $E = mc^2$. Machen Sie das zu Ihrem Mantra.

- *Tisch, Zimmer und Arbeitsabläufe entrümpeln,* damit der Tag im Fließzustand bleibt.

- *Single tasking statt multi tasking.*

- *Nichtstun und über merkwürdige verrückte Sachen* nachdenken kann wichtig und kreativ sein.

Selbstorganisation & 3 Geschenke

▲ *Humor*
setzt den Geist frei, damit wir Verpflichtungen und Prioritäten entdecken und überdenken können. Spiel bewirkt 2 Gewinner und überwindet Hindernisse.

▲ Zur Auflockerung, Abwechslung oder Stimmung hat sich die „Chrisi Christmasmethode" entpuppt. Heißt, 2 x 12 Minuten intensiv arbeiten, anschließend Pause. Sie glauben nicht, was Sie in kurzer Zeit schaffen. Normalerweise gilt als Regel 50 Minuten arbeiten, 10 Minuten Pause.

▲ Damit der Posteingang als Aufgabenliste genutzt werden kann, ist es praktisch einen darunterliegenden Ordner mit Posteingang_gelesen anzulegen. Jetzt! Emails löschen und genießen.

Arbeitszimmer

New work, new work:

Kreative Entwicklungen brauchen Raum und Zeit. Durch die Kreativität reifen die Ideen zu Form und Inhalt.
Die Fußballer wenden zum Beispiel das „Umkehrspiel an, um sich „fräsend" dem Ziel zu nähern.
Das Wie ordnen wir der Dominanz zu. Wie kommt ein Projekt ins Laufen? Wie informiere ich mich?

Dominanz definieren wir als Schwingung, vibirierende Stimmung, mit einem Akkord oder Hauch von Leichtigkeit und Freude.

Ich taxiere keine Spitzenleistungen. Quatsch. Ich interessiere mich für knuspriges Tun. Ich bin auch mit einer Brettljause zufrieden. Plus Senf und Gürkchen. Danke. Durch ein langes Leben können wir uns am besten kennen lernen.

Eine Qual, die klaglos hingenommen wird
Wenn ich in einem Büro dabeisein darf, dann wird das gerne gesehen; doch dann stoße ich dort auf was? Auf platte Eindrücke: mit der entsprechenden Einrichtung. Auf platten Reifen kann ich nicht nach Italien fahren. Obwohl platte Reifen eine Qual sind, die ja nun wirklich spürbar sind, höre ich niemanden darüber klagen.
Wohl höre ich das die Arbeitszeit nicht reicht und Arbeit keinen Spaß macht. Kann ein Zusammenhang bestehen zwischen Arbeitsstumpfsinn und Einrichtungsstumpfsinn?

Dass Arbeiten mühselig sein kann, stimmt sofort dann, wenn das notwendige Gerät fehlt. Oder kennen Sie einen Handwerker ohne Werkzeug?
Ein scharfer Verstand zerlegt eine Pflaume oder eine Niete allein durch sanften Druck, nicht durch quälendes Grübeln. Wenn Arbeit ausschließlich Anstrengung ist, dann ist der Verstand nicht mehr ganz scharf.
Die Büros sind stumpf. Und jetzt? Nur ein Profi macht stumpfe Arbeitszimmer knusprig oder wunschgemäß scharf. Ich bin also erst begeistert, wenn die Leute im Büro Energie ausstrahlen.

Bald kommt der nächste Auftrag und alle stehen da um es gebührend zu feiern. Sie haben sich riesige Mühe gegeben, um dem Kunden ein Aha zu entlocken, die Auswahl zu erleichtern, die Aufmerksamkeit zu schenken, eine Analyse zuzuordnen und ein Anbot zu schreiben.

Stress, schlaflose Nächte alles erspart man sich mit Humor und einem scharfen Verstand.

Noch ist Zeit bis zum nächsten Auftrag, noch kann man das Büro, die Wohnung (die Werkstätte) einrichten. Dann kann der knusprige Auftrag kommen. Danke.

Wie arbeite ich in der Gruppe?
Die Frage nach Beziehungen oder der sozialen Intelligenz und Zusammenarbeit entscheidet ob wir das Leben leben und wirtschaftlich erfolgreich sind. Im Fußball ist es völlig klar, dass Zusammenarbeit die Tore schießt.

Kommunikation, die bezaubert

Stimulanz: Spiel, Humor, Reise (Fragen, Interesse) wecken
Dominanz: Rhythmus, Überzeugung
Balance: Gemeinschaft, Genuss

- Stimulanz herstellen. Spiel und Freude bewirken Gewinner auf beiden Seiten. Fragen erzeugen Zustimmung.
- Dominanz herstellen: Wenn Sie wenig Zeit haben, dann hat Ihnen mein Anbot auch nicht geschadet ... (?)
Wenn überhaupt: haben Sie schon daran gedacht ...
Wenn meine Leistung die Anforderungen erfüllt, können wir dann heute eine Vereinbarung abschließen.
- Balance herstellen: Wenn Sie Ihren Partner mögen und Ihr Partner mag Sie, dann vergönnen Sie Ihm doch (... Anbot)

Psychologie des Geldes

„Hungrige Künstler sind besser", sagt der Volksmund.
Am Beispiel der kognitiven Dissonanztheorie ist dieser Spruch erklärbar, denn ein gesättigter Mensch spürt keine kognitive Dissonanz, keinen Antrieb, heißt, Geld machen die Menschen, die die Herausforderung spüren.

Nachhaltigkeit und Psychologie der Geldes
Stimulanz: Wer sich informiert gewinnt
Dominanz: Investiere ich in innovative Produkte?
Balance: Hilft es mir, der Gesellschaft?

How does it feel
to be your own
with no direction home
like a rolling stone

Bob Dylan

Kapitel 3

Balance

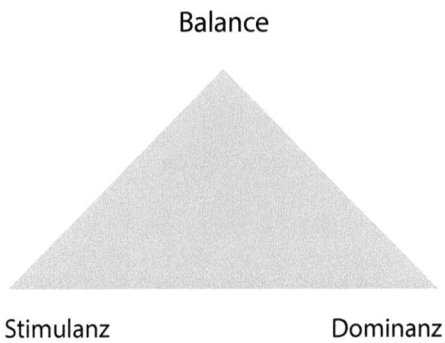

ERHOLUNGSRAUM

Balance:
Kommunikation als Geschenk

Der Wert von Sieg und Niederlage wurde erst von Nobelpreisträger Schumpeter gewürdigt. Rückschläge spornen uns an, anders gesagt, die meisten Menschen fürchten sich vor dem Hinflug, aber nicht vor dem Rückflug. Bei Prüfungen ist es ähnlich.

Gegen die Emotionen ist der Zahn der Zeit chancenlos. Die Kommunikation ist der Schlüssel zu unserem Glück.
Hintergrund der win-win Situation ist die Mitte, um schnell reagieren zu können. Liebe bewahrt auch in Zeiten versiegender Quellen: die Kraft.

Erholungsraum

Wer aus der Gegenwart nach vorne blickt, sieht die Zukunft. Die Zukunft ist unsere einzige Freiheit. Die Liebe ist die alles durchdringende, verbindende und freigebende Kraft.
Im Erholungsraum zieht man sich bewusst von der Außenwelt zurück, kommt der Geist zur Ruhe..

Kennen Sie die Qualität Ihres Erholungsraumes?
Wer sich verbessern möchte, macht aus dem Erholungsraum den Ort der Ressourcen und der Zeitlosigkeit, um auszugleichen und aufzutanken.

Arbeite ich unangestrengt?

Was bedeutet Erfüllung im Leben?

Übung: Psychologie der Träume:

Stimulanz: Habe ich den Durchblick, die Spiele und die Farben?
Dominanz: Habe ich den Rhythmus, die Richtung und die Taktik?
Balance: Habe ich die Transformation? Hilft es mir, der Gesellschaft?

Kapitel 4

3 Knackpunkte

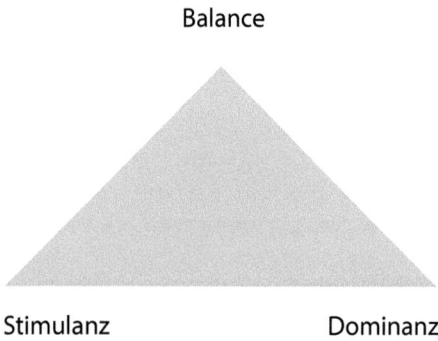

TEST
ZUR GLÜCKSLIEFERUNG

Faszination Erfüllungsgrad

Vilfredo Pareto entwickelte ein Prinzip, das man auch 20-80 Regel nennt. Im Ökonomiesprech besagt diese: 80 Prozent eines Effektes werden über nur 20 Prozent der Ursache erzeugt. Auf unser Leben umgelegt: Mit wenig Anstrengung kommen wir schon zu einem sehr guten Erfolg. Mehr noch: Nach Pareto bewirkt mehr Anstrengung nichts, sie kostet nur unnötig viel mehr Zeit.

Deshalb können Sie einen Großteil der Aufgaben gleich erledigen, wenn Sie unnötige Dinge weglassen und 20 Prozent der Chancen nützen.

Jetzt geht´s los

Stimulanz: Spiel bewirkt Freude und Gewinner.
Dominanz: Märtyrer überzeugen auch Zweifler.
Balance: Liebe bewahrt die Kraft und gibt Kraft.

Vorsorge statt Nachsorge

Ernte, Genuss
Ich bin super. Du bist super.
Aha, so ist es

Balance

Stimulanz   Dominanz

Aufmerksamkeit   *an sich glauben,*
halten   *machen, tun*

Für einen Kontakt ist eine entspannte Atmosphäre nicht zwingend von Vorteil, im Gegenteil, erfolgreiche Kontakte benötigen das gewisse Maß an Spannung.

Erfüllungsgrad

Glückslieferung

*Erholungsraum:
Mitte, Genuss
Durchlässigkeit, Erdung*

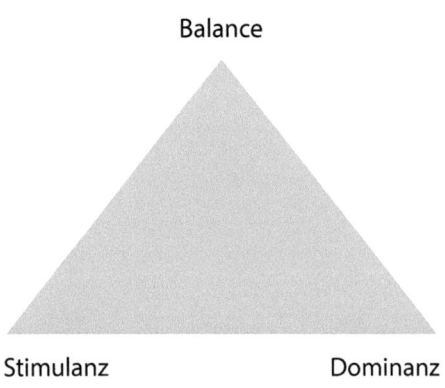

Balance

Stimulanz   Dominanz

*Eingang,
Sozialraum (Wohnzimmer)
Freude, Spontanität
Spiel,
Humor
Ressource*

*Küche, Büro (Arbeits-
zimmer) Badezimmer
Richtung, Rhythmus,
Das Wesentliche ist ein
göttliches und stark
veränderndes Prinzip*

Test: Supermacht Büro

Wie wirkt Ihr Büro?

▲ Stimulanz: Überblick, Freude, Gäste

Ich glaube, dass es zu jeder Firma eine Geschichte gibt. Auf jeden Fall hat jede Firma eine Sprache, Räumlichkeiten, Events, Feierlichkeiten und eine Ausstattung. Gibt es Räume der Freude?

▲ Dominanz: Führung, Wachstum, Ehre
„Skin in the game, ran an den Ball", ist der Lieblingsspruch vieler Trainer. Damit ist die Reaktionszeit gemeint, die über den Erfolg entscheidet.
Es ist schade, wieviele Studenten, Hausfrauen und Manager an ihrer Tätigkeit verzweifeln, dabei wollen sie durch das Büro inspiriert werden.

▲ Balance: Zusammenarbeit, chill in
Wir verköstigen Kunden, Gäste und Freunde.

Leben
ist eine Liebesbeziehung und Sinn

Stimulanz:
Kleider machen Beute Lebensmittel und Getränke können in weißen Bechern gleich gut schmecken, erst durch die Marke schmecken die Produkte anders.

Wie funktioniert eine Beziehung?

Vertrauen:	↓niedrig	Vertrauen:	↑hoch
Handeln:	↓niedrig	Handeln:	↑hoch
Kosten:	↑hoch	Kosten:	↓niedrig

Dominanz:
Erzählen Sie nicht was der Büroraum ist, sondern das Lebensgefühl und verwenden Sie dazu Bilder, Töne, Reliquien und Referenzen. Auch Musiker wie die Rolling Stones: haben nie Vinylplatten, Silberscheiben oder Downloads verkauft, sondern ein Lebensgefühl.

Dysdominanz:
Gemäß der „broken windows theory" symbolisieren zerbrochene Fenster: ein Durcheinander, und mindern den Wert. Sicherheitseinrichtungen erhöhen den Wert der Immobilie.

Balance: Die Krähen sagen: „ Krah, Krah" und meinen damit: „ich bin da, ich bin da", auch der Partner möchte nicht alleingelassen werden.

Erfüllungsgrad

Das Rad des Unternehmens

Der Pfau hat sich der Natur nie angepasst und lebt trotzdem, da das Produkterlebnis passt und offensichtlich animiert.

Oder gibt es ein Vernunftauto?
Wie lange halten Vernunftehen?

Was macht der Installateur? „Oase Bad"
Was macht der Hypnotiseur? „Inszenierung"
Was tut der Elektriker? „Licht zu den Menschen bringen."

Mit Emotion und Kommunikation kann ich Ziele übertreffen, Menschen begeistern, Beziehungen verschönern, Luxus (Mode, Parfums) herstellen, Hindernisse, Revierkonflikte überwinden.

Raster macht Zaster	Stimulanz	Dominanz	Balance
	Sonne, Licht	Baum	Erde
	Spiel	Kreativität	Sicherheit, Liebe
Eingang, Sozialraum	Freude, Bewusstsein	Inspiration	Gastfreundschaft
Küche, Büro, Bad	Interesse	Richtung, Rhythmus	Zusammenarbeit
Erholungsraum	Ressourcen ausgleichen	Aufmerksamkeit	Genuss
Zeit, Kosten Ort,			

Aller Anfang ist ein Zauber ....

▲ Stimulanz: Spannung spielerisch aufbauen
▲ Dominanz: Zitate, Rhythmus
▲ Balance: Liebe, Selbsteinschätzung, Zusammenspiel

Die NEK-AG Formel:
Name: Ich bin .... /Wir gratulieren .../Der erste Teil ist ....
ESP: emotional selling proposition/Emotionen sind ein Schlüssel
Story: mit entspannter, authentischer Stimme sprechen.
Sammeln: Eine gute Rede ruft gemeinsame Erlebnisse in Erinnerung; und was für das kommende Jahr wichtig ist.
Fokussieren: Welche Zuhörer sind an den Erlebnissen beteiligt? Was wünsche ich mir vom Team (Familie), Business?

-AG
Ansprechpartner:
Verknüpfen: Die Erlebnisse mit dem Team, dem Business, der Zukunft oder dem Ansprechpartner verknüpfen.

Gedächtnisanker:
Slogan/Name/Reim/Zitate stehen meistens am Anfang oder am Ende der Rede. Auf alle Fälle sollen Sie die Rede mit einem Wunsch beenden.

Schreiben: Die Rede in einem Minutentakt unterteilen, damit es gelingt.

Tina (There is no alternative)

- Content: Spiel, Humor
- Liebe, Dankbarkeit, Selbsteinschätzung und Durchlässigkeit werden der Balance zugeordnet
- Gemeinschaft erwirtschaftet Gewinn
- Wir benötigen die Stichprobe der Entscheidungen, das Wesentliche, die Macht des Faktischen (Jelinek), um Hindernisse zu überwinden.

Die Wirklichkeit ist der Weg. Unsere Entscheidungen hängen von unserer Erfahrung und Wahrnehmung ab. Ich nenne es das Wesentliche und die Durchlässigkeit, um in der Mitte zu sein und Energie zu sichern.

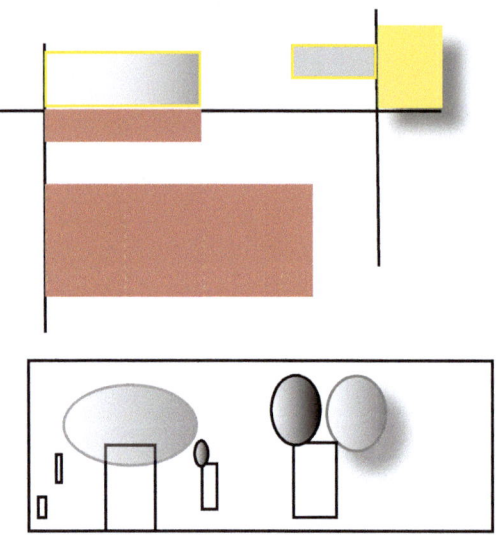

Wie sieht das Herz, der Wald, das Ziel, das Tier färbig aus? Wie sieht die Schwingung aus? Wer bringt es hervor?

Liebesfallen

Pink Floyd haben in ihrem Album „The Wall" die Gefühle der Menschen als Brick bezeichnet... „Das bedeutet einerseits Ziegel und andererseits Kumpel." Wie möchte ich sein?

Stress und Trauerphasen sind eine Störung eines gewohnten Musters. Ein trauriges oder gar wütendes Gesicht ist auch nicht schlecht, denn es vermittelt mehr Stärke als ein schales oder erzwungenes Lächeln.
In Bezug auf das Altern nehmen die Glückshormone ab aber die Stresshormone bleiben ...

Langeweile:
Für manche Menschen ist es schwierig eine Firma, Ehe, Partnerschaft und Mannschaft zu führen, wenn die kognitive Dissonanz, der Antrieb, die Herausforderung fehlen.

Verhandlungsfallen

Löcher in der Abwehr
Wer fragt führt und erhält dazu noch die Antwort. „Warum". Denn es bedeutet, dass der Fragestellende Recht hat und der Rezipient nach einer Antwort ringen muss, obwohl der Fragende es manchmal selber nicht weiss; will heißen, trotz des Logikfehlers ist die Frage berechtigt, aber mit Vorsicht zu genießen, denn die Frage konditioniert die Antwort.

Die Kunst ein Panther zu sein

In der freien Natur gibt der Panther in der Go-Strategie alle Kräfte, um sein Ziel zu erreichen. In der Stopp-Strategie bleibt der Panther nach nur wenigen Schritten stehen, denn Stress kann sich kein Tier erlauben.

Unverwüstlichkeit (Resilienz)

Medizinisch gesehen beginnt Unverwüstlichkeit mit einem starken Immunsystem, indem wir die Helferzellen, die Regulatorzellen, Fresszellen und die Plasmazellen stärken, damit wir die schädliche Bakterien- und die Virusbande ausscheiden können. Last but not least gibt es noch die Killerzellen, die problematisch sind, da sie zwischen Freund und Feind nicht unterscheiden können. Dabei stirbt die Tumorzelle bei 43° C.

Unter Stress schaltet der Körper das Wachstum und das Immunsystem ab, weil er sich im Kampfmodus befindet. Grundsätzlich gibt es Revierkonflikte, obwohl Selektion und Kooperation klüger sind.
Drei Fehler, die Menschen machen:

▲ Dysstimulanz, Schwere: Menschen vermeiden die Leichtigkeit, Freude
▲ Dysdominanz, Enttäuschung: Menschen vermeiden tiefe Zufriedenheit, Rhythmus (Schwingung)
▲ Dysbalance, Geistrotation: Menschen ignorieren die Liebe, die die Kraft bewahrt

Selbstorganisation

Wundergewebe Muskelzelle

Interessanterweise wird emotionally (engl.) als seelisch und Spirit als Charakter übersetzt.

Eine umfassende Entspannung beginnt mit durchlässigen, selbst organisierenden Bewegungen, damit die Muskeln, Faszien nicht einreißen oder sich entzünden.

Sportler idealisieren die Bewegungen, weil sie Lust, Freude, Herausforderung und eine steile Lernkurve bedingen.
Beanspruchte Muskelzellen stellen Proteine her, die im Tiermodell, vor Stress (etc) schützen, die Nervenzellen stärken, den Stoffwechsel und das Gehirn fördern.

Dadurch kann der Geist besser arbeiten, sich tatsächlich erholen.

Jetzt geht es um das Wie (How):

An dieser Stelle glauben wir fest an uns, denn der Glaube ist stärker als der Körper und erweitert die Seele.
Wenn wir glauben verlieren wir nicht, sondern gewinnen.

Glaube ist keine Konditionierung, sondern die Neutralisation der Situation.

Gemäß der Paretoformel sind 80 Prozent der Sportler gleich gut oder stark trainiert, vor allem im Weltklassebereich.
20 Prozent des Erfolges macht die mentale Einstellung aus.

Bewegung.Macht.Klug, Sinn ...

Was für das Herz gut ist, tut auch dem Hirn gut.

Deshalb stärkt Bewegung die Merkfähigkeit, das Immunsystem und den Stoffwechsel. Bewegung wirkt, wenn wir über die Selbstorganisation (also Anreizenergie, an sich glauben und machen) bescheid wissen.

Basis der Bewegung sind die Sauerstoffaufnahmefähigkeit, heißt Atmung, Beinmuskulatur und koordinative Fähigkeiten. Größere Muskeln können mehr Kohlehydrate als Glykogen speichern, und ohne Sauerstoff können die Muskeln die Glukose nicht vollständig aufschließen.

Ein bewegter Körper ist eine große Erleichterung und kann 11-68 Prozent der Krankheitskosten reduzieren.

Fasten

bewahrt die kognitiven Fähigkeiten (Rush University) und wirkt für die Zellen wie eine Müllabfuhr, heißt die Zellen vernaschen sich selbst.

Wenn wir uns ungut und ermattet fühlen, dann sichert Körper (Materie) und Geist (Genuss) die Selbstorganisation.
Die Selbsteinschätzung von Geist und Körper hat

einen enormen Einfluss auf die Stimmung, die Leistung und die Pflege
Wenn Dominanz über den Glauben hinausgeht, dann sprechen wir von einem neuen Bewusstsein und einer neuen Wirklichkeit.
Deshalb macht es Sinn zuerst sieben Kilometer zu trainieren, und wer will, kann sich steigern.

Quanten: Energie im Büro und im Sport lieben

Die Quanten nehmen keine Informationen auf, sondern sie wirken wie ein Sender, der Informationen verteilt und verstärkt.

Chaos führt zu falschen Entscheidungen, deshalb sichern und bewahren die Emotionen die Ordnung im Büro.

* Stimulanz: Freiheit
* Dominanz: neue Räume erobern
* Balance: Genuss

Nachwort: Healing-Room, Space

Wenn Hypnotiseure nicht hypnotisieren können, sondern wir selbst die Leistung vollbringen, dann können wir sofort alle Verwirrung und Grübleien beenden und uns freuen.

Patienten, die vom Arzt ein Placebo-Medikament bekamen, habe auch unter Hinweis des Arztes auf den Placeboeffekt an die Heilung geglaubt, da sie dem Arzt einfach vertrauten.
Deshalb ist der Körper in der Lage eigene Heilstoffe zu erzeugen, wenn er daran glaubt und die Emotionen mit Herz einsetzt.

3 schöne Geschenke

Wir suchen einerseits nach der Freiheit und andererseits ist die umfassende Entspannung, heißt, Befriedigung, wichtig.

Das englische Wort emotionally wird auch mit seelisch übersetzt. Deshalb sind die Emotionen ein Geschenk und unsere Seele zugleich.

- ▲ Sonne: Licht, Lachen, Spiel spendet Anziehung und bewirkt Gewinner auf beiden Seiten
- ▲ Baum: Glaube, Rhythmus bewirkt Überzeugung, Gewinn
- ▲ Erde: Ausgleich, Durchlässigkeit, Liebe, Genuss, Konzentration: bringt uns in die Mitte, um den Geist zu schulen. Dadurch entsteht Zufriedenheit, man fühlt sich ganz.

Test: ja   nein

▲ Stimulanz:
- Ich habe keine Freude oder Leichtigkeit
- Ich bin öfter unterkühlt
- Ich bin öfters müde

▲ Dominanz:
- Ich habe Schwierigkeiten Rhythmen und Richtung beizubehalten, Entscheidungen zu treffen
- Ich kann zu Hause nicht abschalten, Pausen reichen nicht

▲ Balance:
- Ich habe Schlafstörungen
- Ich habe kein Glücksgefühl

Wenn ich:

▲ spiele, erhalte ich   Stimulanz:
▲ Kreativität, Rhythmus   Dominanz:
▲ Liebe bewahrt die Kraft   Balance:
und gibt Sicherheit.

Das Wort ist ein Donner oder ein
Glühwürmchen.
Das Wort ist mächtig.

Mark Twain

Wenn das Wort, Zeit und Liebe aus Geist und Körper bestehen, dann wirken sie selbstorganisierend.